EXPÉRIENCES

FAITES EN 1850-1851

SUR LA FABRICATION

DE

CANONS DE 32 LIVRES

POUR ARMEMENT DES COTES;
COULÉS AUX FONDERIES SUD DE BOSTON, DE WEST-POINT
ET DE FORT-PITT.

Avec Planche.

PARIS
LIBRAIRIE MILITAIRE, MARITIME ET POLYTECHNIQUE
J. CORRÉARD,
Libraire-éditeur et libraire-commissionnaire,
PLACE SAINT-ANDRÉ-DES-ARTS, 3.
1860

EXPÉRIENCES

FAITES EN 1850-1851

SUR LA FABRICATION

DES CANONS DE 32 LIVRES.

EXPÉRIENCES

FAITES EN 1850-1851

SUR LA FABRICATION

DE

CANONS DE 32 LIVRES

POUR ARMEMENT DES COTES;
COULÉS AUX FONDERIES SUD DE BOSTON, DE WEST-POINT
ET DE FORT-PITT.

Avec Planche.

PARIS
LIBRAIRIE MILITAIRE, MARITIME ET POLYTECHNIQUE
J. CORRÉARD,
Libraire-éditeur et libraire-commissionnaire,
PLACE SAINT-ANDRÉ-DES-ARTS, 3.

1860

RAPPORT SUR LA FABRICATION

DE CANONS DE 32 LIVRES

POUR ARMEMENT DES COTES, A LA FONDERIE SUD DE BOSTON. 1850-1851.

Essai de fer de 1re fusion en gueuses brutes, coulées en couches de sable, à ciel ouvert.

N° 1. Gueuse de fer. Fourneau amenia.		Marque des échantillons.	Essais des échantil. Densité.	Essais des échantil. Tenacité.
Air chaud.	Température du courant — 250°	250 1 amen.	6.049	11020
		250 2 id.	6.947	11820
		Moyenne.	6.948	11420
	Id. id. — 200°	5 amen.	6.974	12311
		6 id.	6.975	11937
		7 id.	6.992	14501
		8 id.	6.973	13130
		Moyenne.	6.978	12970
	Id. id. — 150°	1 P. C.	6.938	10948
		2 P. C.	6.949	14087
		3 P. C.	6.944	13553
		4 P. C.	6.977	11126
		4 P. L.	7.030	11502
		Moyenne.	6.967	12243
Air froid.		5 P. C.	7.110	16004
		6 P. C.	6.971	12358
		7 P. C.	7.131	14059
		Moyenne.	7.071	14140
	Moyenne générale. . .	. . . . .	6.991	12693
N° 2. Gueuse de fer, 1re fusion. Fourneau de Kent.		C. C. A.	7.315	24349

Essais de fer préparé à l'air froid, de 2e et 3e fusions.

Fer du fourneau Briggs.	Nombre d'heures en fusion.			Marque des échantil.	Essais des échan	
	2me.	3e.	Total.		Densité	Tenacité
2e fusion	1/2	«	1/2	1 — B	7.112	15729
	1 1/2	«	1 1/2	2 — B	7.109	14082
	2 1/2	«	2 1/2	3 — B	7.158	21995
	3 1/2	«	3 1/2	4 — B	7.228	25595
	4 1/3	«	4 1/2	5 — B	7.237	27852
3e fusion, même fer refondu.	«	0	4 1/2	7 Briggs	7.253	30607
	«	3	7 1/2	8 id.	7.267	32978
	«	4	8 1/2	9 id.	7.391	34599

Tous les échantillons ci-dessus avaient été pris à la partie inférieure de cylindres de 14 pouces de diamètre et de 18 pouces de hauteur, coulés dans des moules verticaux de sable sec.

Le tableau ci-dessus montre l'effet produit par la refonte et une longue tenue en fusion, ainsi que le rapport qui existe entre la densité et la tenacité. Il dénote une amélioration marquée fortement dans la qualité résultant du maintien en fusion et de la refonte, et, (sauf une exception anormale), un progrès dans la qualité en raison directe de la durée de [illegible] tillons essayés diffèrent beaucoup en densité et en ténacité; leur écart suit une progression semblable du dernier au premier.

Fer fondu [illegible] fusions.

[illegible]	[illegible]	Densité	Ténacité
[illegible]	[illegible]	6.946	11420
[illegible]	P G	7.172	26310

Fabrication de canons de 32 livres pour la défense des côtes, à la fondérie sud de Boston, 1850-1851.

Coulées — Dates.	N° de fonderie.	Espèce de fer employé. — En gueuses de 1re fusion préparées par une refonte. — Aménia.	Durée de la fusion.	En coulées pour canons. — Kent, 1re fusion.	Amenia. — 2. fusi.	Amenia. — 3. fusi.	Poids Total.	Durée. — De la fonte.	En 3e fusion.	Total des 3e et 4e f.	Essais de massel. — Densité — Moyen. de 2 échant.	Ténacité — Moyenne de 2 échantil.	Inspection. — N° du registre.	Poids en livres.	Observations.
1850								h. m.	h. m.	h. m.					
Septembre 24	819	10,000	2.30		8560	2830	11390	3,13	1,30	4	7,326	31465	1	7306	
Octobre 19	823	10,000	2.30		8730	2760	11490	2,30	2,00	4,30	7,323	33905	2	7307	
« 23	824	10,000	2.30		8300	3070	11370	3,30	1,15	3,45	7,339	34278	3	7309	
« 28	825	10,000	2.30		8860	2530	11390	«	1,30	4 «	7,327	35014	4	7285	
Novembre 1	826	10,000	2.30		8740	2580	11320	«	«	4 «	7,316	35834	5	7293	
« 4	827	10,000	2.50		8700	2550	11250	«	1,15	3,45	7,317	35766	6	7317	
« 8	828	10,000	2.15		8900	2460	11360	«	2,15	4,30	7,334	36296	7	7317	
« 13	829	10,000	«		8680	2620	11300	3,15	1,30	3,45	7,285	32681	8	7298	
« 16	830	10,000	«		8230	3020	11250	2,30	2,50	5,05	7,303	32564	9	7286	
« 20	831	10,000	«		8550	2950	11500	3,13	2,15	4,30	7,341	35705	10	7328	
« 23	832	10,000	«		8480	2760	11250	3,30	1,15	3,30	7,324	35827	11	7301	
« 27	833	10,000	«		8300	2870	11170	3,15	2,15	4,30	7,322	34728	12	7317	
Décembre 3	834	10,000	«		8440	2950	11390	2,15	2,20	4,35	7,350	36536	13	7349	
« 6	835	10,000	«		9270	3050	12320	3,30	3,00	5,15	7,316	37804	14	7313	
« 10	836	10,000	«		8440	3100	11540	3,15	2,00	4,15	7,331	36165	15	7316	
« 14	837	10,000	«		8440	3040	11480	«	2,15	4,30	7,298	33479	16	7308	
« 18	838	10,000	«		8560	3000	11560	«	1,15	3,30	7,303	35783	17	7311	
« 21	839	10,000	«		8320	3070	11390	«	2,45	5 «	7,326	36313	18	7319	
« 24	840	10,000	«		8340	3220	11560	«	2,00	4,15	7,321	36610	19	7310	
« 28	841	10,000	«		8470	2990	11460	«	1,45	4 «	7,345	24484	20	7343	
1851 Janvier 1	842	8,000	«		8540	2970	11510	«	1,15	3,30	7,306	35251	21	7302	
« 4	843	8,000	«		8340	3110	11450	3,30	1,45	4 «	7,317	33826	22	7322	
« 7	844	8,000	«		8600	2840	11440	3,15	1,45	4 «	7,297	34238	23	7192	
« 11	845	8,000	«		8630	2880	11510	3,00	1,45	4 «	7,311	36804	24	7308	
« 14	846	8,000	«		9060	2530	11590	3,15	2 «	4,15	7,316	33914	25	7310	
« 18	847	10,000	«		9550	2280	11830	3,00	1,15	3,30	7,286	35036	26	7273	
« 21	848	8,000	«		9740	2210	11950	3,15	2,30	4,45	7,267	34627	27	7268	
« 25	849	8,000	«	3,000	4000	4850	11850	3,45	1,30	3,15	7,326	31858	28	7301	
« 29	850	8,000	«	3,000	4800	3990	11790	«	«	3,45	7,300	32364	29	7312	
« 31	851	8,000	«	3,000	4900	4100	12000	3'25	3,40	3,40	7,314	32814	30	7331	
Moyenne de 1 à 27											7,316	33294			
« de 28 à 30											7,313	33548	...	7308	
« de 1 à 30												39000			

Le fer de 2e fusion employé dans les précédentes coulées se compose de gueuses de fer refondues, coulées en cylindres de 14 pouces de diamètre et de 18 à 30 pouces de haut. Le fer de 3e fusion est du fer de masselotte et des restes de coulées de canons. Les masselottes sont des cylindres de 16 pouces de diamètre et de 30 pouces de haut. On a pris de doubles échantillons de chaque espèce; chaque échantillon est marqué du n° de fonderie et des lettres H. O. selon qu'il est pris à l'extérieur de la masselotte, et H. I, s'il est pris à l'intérieur.

En coulant le canon n° 833, on a fondu deux petites barres dans le moule, qui se trouvent vis-à-vis la masselotte et à une hauteur correspondant aux échantillons de masselotte. Pendant la coulée le fer liquide descend par un tube spécial et remonte dans le moule.

La planche 1 représente la partie supérieure du moule à canon, la masselotte, les petites barres et le canal par où passe le fer.

Le fer liquide dans son ascension, coule dans l'emplacement occupé par chacun des 4 échantillons H. I, H. O, B. I, B. O, simultanément, et arrive à la même hauteur au-dessus d'eux. La qualité du fer dans chacun des 4 échantillons doit donc être égale.

[illegible]

[illegible] liquide est entrée en repos dans les moules, pendant [illegible] La différence dans la [illegible] les divers moules exposent le fer dans chacun d'eux à des influences différentes qui affectent [illegible] refroidissement subséquent.

La masse totale étant massive ou refroidie lente- [illegible]

Désignation des échantillons.		Marque des échantillons.	Densité.	Ténacité.
Fer pour le canon n° 819.	Échantil. de 2e fusion, pris dans [illegible]	819 [illegible]	7,069	[illegible]
		819 C. 1	7,020	[illegible]
		Moyenne.	7,070	16783
	Même fer refondu, 2e échantil. de [illegible] fusion [illegible] masse [illegible]	819 H. 1	[illegible]	[illegible]
		819 H. O.	7,337	35486
		Moyenne.	[illegible]	[illegible]
Fer pour le canon n° 833.	Échantillons [illegible] cylindres coulés de fontes différ.	833 C. 2.	7,166	[illegible]
		833 [illegible]	7,204	[illegible]
		Moyenne.	7,184	[illegible]
	Même fer refondu, 2e échant. de [illegible] fusion prov. d'une masselotte.	833 H. 1.	[illegible]	33640
		833 H. O.	7,316	35810
		Moyenne.	7,323	34728
	[illegible] en même temps, petites barres. [illegible] recuite promptement.	833 B. 1.	7,374	37602
		833 B. O.	7,386	30163

[illegible] dont elle était séparée par une couche épaisse [illegible]

L'effet produit par les différents procédés de refroidissement est démontré par les trois derniers résultats constatés dans le tableau qui précède. La qualité et la condition du fer, dans chacun de ces échantillons, doivent avoir été, à l'instant où le fer liquide est entré en repos dans les moules, parfaitement égales. Cependant ici l'égalité de condition a cessé. La différence dans la masse et dans la position des divers moules exposait le fer dans chacun d'eux à des influences différentes qui affectaient le moment et le mode de leur solidification et de leur refroidissement subséquent.

La masselotte étant massive se refroidit lentement et régulièrement; et comme le fer, lorsqu'on l'avait coulé était dans les meilleures conditions pour avoir de la force tant la masse était grande, on trouva à l'essai, les échantillons supérieurs tant en densité qu'en tenacité.

La petite barre B. O. coulée dans le moule à canon près du chassis en fer, à l'extérieur du moule, se solidifia promptement et se refroidit rapidement ensuite. Sa position à l'extérieur du moule, dans laquelle elle subissait le contact de l'air amena ce résultat; et en outre éloignée de la masse du fer liquide, dont elle était séparée par une couche épaisse nonconductrice, l'abaissement de température n'y fut pas retardé par le calorique contenu dans la masselotte. Le refroidissement rapide augmenta la densité de la barre dans cette proportion.

Cet accroissement de densité est une conséquence qui découle invariablement du rapide refroidissement de la coulée. Quoi qu'il en soit, la tenacité de cette barre avait diminué par le refroidissement rapide. Les échantillons de masselotte ont une tenacité de 34502 tandis que pour la barre elle n'est que de 30163; soit une diminution de 4339 livres par pouce. De tels résultats ne se présentent que dans des cas où le fer est très dur. Comme règle générale la ténacité des sortes communes de fer de fonderie augmente par un refroidissement rapide. Dans ce cas, la condition du fer était *trop haute* (c'est-à-dire que l'opération de décarbonisation avait été poussée trop loin) au moment de la coulée pour obtenir une force maximum lors du refroidissement rapide en petites masses; mais il était dans la meilleure condition pour être coulé en grandes masses à refroidir rapidement.

L'autre petite barre B. I. coulée dans l'intérieur du moule à canon, près de la masselotte, se solidifia en même temps (ou à peu près) que la barre B. O., et continua à se refroidir bien au-dessous du point de solidification du fer, avant qu'un refroidissement plus grand fût contrebalancé par le calorique qui s'échappait du fer liquide de la masselotte. A ce moment, la masselotte vint augmenter la température de la barre presque jusqu'au point de fusion ; et ensuite cette dernière recommença à refroidir lentement avec la masselotte, et pendant tout ce temps elle fut à l'abri du contact de l'air et conséquemment recuite. Sa diminution de densité comparaison faite avec la barre recuite, est égale à 7 livres par pied ; celle de sa tenacité comparativement à la masselotte est de 7226 livres par pouce carré.

L'effet produit par la refonte du fer et son maintien en fusion pendant longtemps à une haute température est montré dans les résultats suivants extraits des tableaux précédents.

	Densité	Tenacité
Gueuse de fer amenia, 1re fusion.	6.948	11.420
Id. refondu, 6 heures en 2e fusion.	7.172	26.310
Autre partie de fer amenia, préparée pour le canon n° 833, 2e fusion.	7.184	26.237
Même fer, refondu, coulé en canon, 3e fusion	7.322	34,728

[illegible] affinée pour le canon n° 819, 2° fusion [illegible] 7,070 [illegible]

Même fer refondu, coulé en sable, 3° fusion. [illegible]

Fer du fourneau Brigg, 1re coulée de 2° fusion [illegible]

Même fer, dernière coulée, refondu, après 8 heures de suppléments en fusion, 3° fusion [illegible]

Ces résultats montrent au premier coup d'œil combien la qualité du fer est modifiée et grandement améliorée par la refonte [illegible] en fusion. Mais toutes les espèces de fonte ne sont pas affectées de la même manière par ces procédés. Ainsi quelques espèces de fer avaient été choisies, qui en gueuse brute, de 1re fusion présentaient des indices favorables, et n'ont donné comme résultat qu'une légère amélioration; dans d'autres espèces, au contraire, la ténacité était affaiblie par la refonte. Comme règle générale, [illegible] que le métal des gueuses de fer gris doux est plus susceptible d'amélioration par ce traitement que les espèces de fer plus dures [illegible] minerais et dans le même fourneau. [illegible] neau Amenia paraît posséder cette qualité à un haut degré.

	Densité	Ténacité
Les résultats moyens des 14 gueuses de ce fer de 1re fusion, sont. .	6,991	12.693
La moyenne des masselottes provenant des 27 canons faits exclusivement avec ce fer, est.	7,316	35.294

La différence entre le fer tel qu'il est au moment de l'employer, et tel qu'il existe dans un canon fini, est, pour la densité de plus de 20 livres par pied cube; pour la ténacité comme 100 est à 278.

On essaya du fer du fourneau de Kent et les gueuses de 1re fusion donnèrent des résultats très élevés; c'est-à-dire densité 7.315, égale à celle de l'Amenia, 3e fusion; tenacité, 24,349, à peu près le double de celle des gueuses d'Amenia. Dans les trois derniers canons coulés, on avait mêlé une partie de ce fer avec 4 parties d'Amenia; la tenacité moyenne des masselottes était descendue de 35,294, moyenne des 27 premiers canons faits exclusivement en fer Amenia, à 32,345. Cette expérience démontre qu'on ne peut se baser sur les essais de fer en gueuse de 1re fusion pour déterminer la qualité du fer propre à faire des canons.

RAPPORT

SUR LA FABRICATION DE CANONS DE 32 LIVRES,

POUR LES COTES, A LA FONDERIE DE WEST-POINT,

EN 1851.

Coulés.		Espèce de fer								Essais d'échantillons.			
Date.	N° de fond.	A préparer par refonte des gue. de 1 fusion. Fer Greenwood.				A couler des canons.			temps en 2 et 3 fusion.	Barres d'épreuve.		Massel., moyenne de 2 échantillons.	
		n° 1	N° 2	N° 3	Total.	1 f.	2 fu.	total		Densité.	ténacité	Densité	Ténacité
1851.		Qx.	Qx.	Qx.	Qx.	Qx.	Qx.	Qx.	h. m.				
Janv. 13	416	55	55		110	5	87	92	4.35	7,272	40897	7,228	32481
« 17	417	42	42	28	112		94	94	4.20	7,340	27626	7,246	37464
« 21	420	42	42	28	112		94	94	4.25	7,346	31589	7,268	38295
Mars 8	427	42	42	28	112		94	94	3.30	7,356	32697	7,260	38197
« 11	428	42	42	28	112		93	93	3,60	7,318	37920	7,264	38467
				Moyenne						7,326	34146	7,253	36981

En fondant ces canons, on résuma et compléta les expériences commencées en 1850 dans le même lot de bouches à feu. Des 25 canons coulés en 1850, 23 avaient été faits de la manière ordinaire, en mêlant les différents degrés de fer Greenwood connu sous les numéros 1, 2 et 3, et principalement de première fusion. Les essais d'échantillons de masselotte de ces 23 canons, donnèrent une densité moyenne de 7.252 et une tenacité moyenne de 31,678.

Les deux autres canons coulés en 1850, avaient été faits de la même espèce de fer préparée pour l'expérience par le refondage.

En relisant le rapport d'août (21) 1850, on verra que l'expérience a parfaitement réussi à améliorer la qualité du fer.

Les cinq canons dont il est fait mention dans l'état ci-contre, avaient été composés de la même espèce de fer de Greenwood; en variant les proportions des différents degrés des numéros 1, 2 et 3, et en les refondant, on parvient à augmenter la tenacité moyenne des échantillons de masselottes de 31, 671 en 1850, à 36981 en 1851.

Les fondeurs peuvent avec la même qualité de fer, continuer de faire une quantité de canons du même degré élevé de tenacité, sans risquer de se tromper.

Les détails des nombreuses expériences faites dans le mélange des proportions des différentes espèces de fer employées dans la fabrication de ces

		des	Ténacité.
Gueuses brutes	1 P. 25	6,971	11000
	1 P. 24	[illegible]	11963
	Moyenne.	7,032	[illegible]
	[illegible]	[illegible]	16905
	[illegible]	[illegible]	20401
Gueuses brutes.	3 P. 27	7,241	34737
N° 3. — Fer.	18 B. 4.	7,285	3388[illegible]
	Moyenne.	7,230	84[illegible]

[illegible] fon-
derie.

Les échantillons marqués P sont tirés de gueuses brute, coulés dans des couches ouvertes de sable, comme c'est l'ordinaire dans les fourneaux de fonderie. Les échantillons marqués B sont pris dans des barres de deux pouces carrés et de 23 pouces de long, coulés dans des moules verticaux de sable sec, comme on le fait ordinairement pour les barres d'épreuve de fonderie, mais du même fer de première fusion, comme les gueuses brutes.

Dans les colonnes du tableau ci-après intitulées marques des échantillons, la lettre B placée pour un échantillon indique qu'il provient d'une barre d'épreuve et les chiffres qui suivent la lettre indiquent la fusion ou le nombre de fois que le fer a été fondu.

Tous les échantillons provenant d'une coulée de canon, soit de la masselotte, soit d'une barre d'épreuve ou de toute autre partie, portent le numéro de fonderie du canon. La lettre H ajoutée au nombre annonce que l'échantillon provient d'une masselotte. La lettre O adjointe à l'H indique qu'un double échantillon a été pris à ou près de la surface extérieure. La lettre H isolée indique que l'échantillon a été pris à l'intérieur de la masselotte, près de la surface de l'âme.

Essais de refondage de fer Greenwood de divers degrés. — Fonderie de West-Point, 1851.

Fer en préparation pour canons.

Date de la coulée.	Espèces de fer employé. Greenwood 1re fusion. N. 1	N. 2	N. 3	Total.	Temps en 2 fusion. h. m.	Marques d'échantil. 2. fusion.	Essais d'échantil. 2. fusion. Fer préparé. Densité.	Ténacité.
1850 Décemb. 14	50	«	«	50	2,48	1 B. 2.	7,001	20222
« 16	50	«	«	50	3,08	2 B. 2.	7,031	18922
Décemb. 23	50	«	«	50	2,15	3 B. 2.	7,085	24183
1851 Janv. 4	50	«	«	50	2,33	4 B. 2.	7,082	20373
« 7	55	«	«	55	2,20	5 B. 2.	7,116	23465
Janv. 8	27 1/2	27 1/2	«	55	2,18	6 B. 2.	7,189	30276
« 10	27 1/2	27 1/2	«	55	2,18	8 B. 2.	7,150	24000
Janv. 14	21	21	14	56	3,05	9 B. 2.	7,224	37819
« 16	21	21	14	56	1,35	10 B. 2.	7,230	33635
Janv. 18	21	21	14	56	2,30	11 B. 2.	7,272	38585
« 20	21	21	14	56	2	12 B. 2.	7,265	30177
Janv. 22	21	21	14	56	1,21	13 B. 2.	7,246	30333
« 23	21	21	14	56	1,38	14 B. 2.	7,240	30008
« 24	21	21	14	56	1,30			
« 25	50			56	1,20	15 B. 2.	7,090	20000

Coulées de canons avec le même fer refondu.

Date de la coulée.	Espèce de fer employé. Greenwood 1. fusion.	Greenwood 2. fusion.	Total. quint.	Temps en fus. h. m.	Canons coulés.	Marques d'échantillons. 2e fusion.	Essais d'échantillon. Dens.	tenac.
1850 Déc. 19	«	42 quintaux refondus des 14 et 16 décembre chacun.	84	3,00	Canon de marine de 32 liv. n. 402, rejeté fer trop doux.	402 B. 402 H. 402 H. O.	7.167 7,093 7,088	29985 25183 26269
Déc. 31.	2 Qx. n. 2 22 Qx. n.	48 quintaux du 23 décembre, 11 quint. des 14 et 16.	83	2,30	Canon de marine de 32 liv. n. 412	412 B. 412 H. 412 H. O.	7,259 7,179 7,150	30916 27544 30276
1851 Janv. 6	1 quint. n° 2. 34 1/2 « n. 3	47 1/2 Quint. du 4 janvier	83	2,15	Canon de marine de 32 liv. n. 413.	413 B. 413 H. 413 H. O.	7,270 7,224 7,218	39373 28037 31465
Janv. 13	5 Qx. n.3	87 quint. des 8 et 10 janv.	92	2,20	Canon d'armée de 32 liv. n. 416.	416 B. 416 H. 416 H. O.	7,272 7,528 7,228	40897 32446 32500
Janv. 17		Tout des 14 et 16 janvier.	94	2,00	Canon d'armée de 32 liv. n. 417	417 B. 417 H. 417 H. O.	7.340 7,244 7,240	27620 38542 30387
Janv. 21		Tout des 18 et 20 janvier.	94	2,10	Canon d'armée de 32 livres n. 420.	420 B. 420 H. 420 H. O.	7,346 7,267 7,270	31580 38426 38161
Mars 8		89 quint. des 22 et 23 janvier. 3 quintaux du 23 id.	94	2,00	Canon d'armée de 32 livres. n. 427.	427 B. 427 H. 427 H. O.	7,350 7,250 7,205	51697 défec. 58197
Mars 11		92 quintaux des 22, 23 24 janvier. 3 quint. du 23 id.	93	2,00	Canon d'armée de 32 livres n. 428.	428 B. 428 H. 428 H. O.	7,318 7,262 7,207	57920 37382 30553

ESSAIS

de fer n° 1 de 2ᵉ, 3ᵉ et 4ᵉ fusions ; le tout en même fer refondu.

Dates	Espèces de fer employé.	Marque des échantillons.	Essais d'échantillon Densité.	Tenacité.
1851 Janvier 25	Greenwood, n. 1, gueuses de 1ᵉ fusion.	15 B. 2	7.090	20000
	Même fer refondu. . .	16 B. 3	7.229	30229
Mars 12	Même fer refondu de nouveau.	434 B.	7.301	35786
Mars 25		433 H.	7.257	33724
	Coulé en 2 canons de bord de 12 livres, n. 433 et 434	433 H. O.	7.257	34550
		434 H.	7.258	36699
		434 H. O.	7.256	30287
Moyenne de 4 échantillons de masselotte.			7.257	33815

Le fer de ces canons, bien que de 4ᵉ fusion, était encore à l'état gris-doux moyen, et sans aucun doute il eût pu être amélioré par une autre refonte, ce qui aurait fait une 5ᵐᵉ fusion.

ÉTAT

des essais précédents, disposés par classes, dans l'ordre des différents degrés de fer des numéros 1, 2 et 3 et du nombre de fois qu'il a été refondu.

Degrés du fer Greenwood essayé.	Barres d'épreuve.				Masselottes.			
	n. de fusi.	Marque des échantil.	Essais d'éch. den.	Essais d'éch. tenac.	n. de fusi.	Marque des échantil.	Essais d'éch. dens.	Essais d'éch. tenac.
		1 B. 2.	7,091	20222				
		2 B. 2.	7,031	18922				
	2	3 B. 2.	7,085	24183		402 H.	7.095	23163
		4 B. 2.	7,082	20373	3			
		5 B. 2.	7,116	23463		402 H. O.	7.088	26269
		15 B. 2.	7.090	20900				
Fer n. 1.		Moyenne.	7,086	21344		Moyenne.	7.090	2[illegible]716
						433 H.	7.257	33724
	3	16 B. 3.	7,229	30229	4	433 H. et O.	7,257	34550
		402 B.	7,167	29985		434 H.	7.258	36699
						434 H. et O.	7.256	30287
		Moyenne.	7,198	30107		Moyenne.	7.257	33815
	4.	434 B.	7,301	35786				
10 part. de n. 1 de 3 fusion et 4 parties n. 3 de 2 fusion	2 et 3	412 B.	7,259	30916	2 et 3	412 H. O.	7.169	28910
8 parties de n. 1 de 3 fus. et 6 parties n. 3 de 2 fus.	2 et 3	413 B.	7,270	39373		413 H. O.	7.221	29751
						Moyenne.	7.195	29330
	2	6 B. 2	7,189	30276				32346
		8 B. 2	7,150	24900	3	416 H.	7.228	
Part. égales des n. 1 et 2 mêlés.						416 H. O.	7,228	32596
		Moyenne.	7,170	27588		Moyenne.	7.228	32421
	3	416 B.	7,272	40897				
		9 B. 2	7,224	37519				
		10 B. 2	7,250	35835		417 H.	7,244	38542
	2	11 B. 2	7,272	38585		417 H. O.	7,240	36387
		12 B. 2	7,265	39177		420 H.	7.267	38426
		13 B. 2	7,246	39523		420 H. O.	7.270	38164
3 part. du n. 1, 3 id. du n 2, 2 id. du n 3 } mêlés.		14 B. 2	7,249	36068	3	427 H.	7.256	défec.
		Moyenne.	7,251	37789		427 H. O.	7.265	38197
						428 H.	7.262	37382
		417 B.	7,340	27626		428 H. O.	7.267	39553
		420 B.	7,346	31589				
	3	427 B.	7,356	32697				
		428 B.	7,318	27920				
		Moyenne.	7.340	32458		Moyenne.	7.260	38003

RÉCAPITULATION

des réuullats moyens précédents.

Degrés du fer Greenwood essayé.	N° de fusion.	Essais d'échantillons. Barres d'épreuve Densité	Essais d'échantillons. Barres d'épreuve ténacité	Essais d'échantillons. Masselottes. Densité	Essais d'échantillons. Masselottes. ténacité
N. 1.	1	7.032	15129	«	«
N. 2.	1	7.153	27153	«	«
N. 3.	1	7.230	34923	«	«
N. 1	1	7.032	15129	«	«
	2	7,086	21344	«	«
	3	7.198	30107	7.090	25716
	4	7.301	35786	7.257	38815
N. 1 de 3° fusion	2 et 3	7.259	36916	7.469	28910
N. 3 de 2° fusion		7,270	59373	7.221	29751
N. 1 et 2 mêlés	2	7.170	27588	«	«
	3	7.272	40897	7.228	32421
N. 1,2 3 mêlés	2	7.251	37789	«	«
	3	7.340	32486	7.260	38093

Le tableau qui précède présente les qualités des divers dégrés de fer des numéros 1, 2 et 3, préparés au même fourneau, avec les mêmes minerais; il montre aussi comment ils se sont modifiés par l'effet de diverses fusions.

Dans le numéro 1, qui est le degré le plus bas du fer doux-gris, la moyenne des nombreux essais donne dans les échantillons de barres d'épreuve, une densité de 7. 032 et une tenacité de 15,129. Le même fer absolument, après avoir été refondu trois fois, donne dans la même sorte d'échantillons de barres d'épreuve de quatrième fusion, une densité de 7.301, et une tenacité de 35,786; ce qui est une augmentation de densité égale à environ 17 livres par pied cube, et un accroissement de tenacité dans la proportion de 100 à 236. Ce changement dans les qualités de fer en question n'est produit que par le refondage et l'exposition à la chaleur pendant la fusion. Un changement semblable apparaît dans les échantillons de masselotte, faits du même fer, à la 3e et 4e fusions.

Le tableau d'autre part se rapporte au degré de fer n° 1 exclusivement. On verra par les tableaux antérieurs que des différents degrés 1, 2 et 3 varient essentiellement en qualité dans les gueuses de 1re fusion. En ajoutant au n° 1 de 3e fusion une partie de n° 3 de 2e fusion, on obtient une amélioration considérable.

En mêlant d'égales parties de n° 1 et 2, tous deux de 3e fusion, on a encore de meilleurs résultats tant dans les barres d'épreuve que dans les masselottes. Mais si l'on réunit les nos 1, 2, et 3 en 3e fusion on atteint le plus haut point de force dans les masselottes, c'est-à-dire, 38000; ce qui est la moyenne des 4 derniers canons fondus, qui tous sont en fer ainsi composé.

Les espèces de fer le plus doux supportent un plus grand nombre de fois la refonte avec avantage que les fers d'un degré plus élevé. Le maximum de tenacité est atteint dans les barres d'épreuve, pour le fer n° 1, à la 4e fusion ; pour les nos 1, et 2 mêlés, à la 3e fusion ; pour les nos 1, 2, et 3, mêlés, à la 2e fusion. A la 3e fusion de cette dernière composition, la tenacité des barres d'épreuve diminue, tandis qu'elle augmente dans les masselottes.

Il paraît, que lorsque le fer est dans la meilleure condition pour être coulé en barres d'épreuve de petite dimension, il se trouve alors dans un état qui demande une fusion supplémentaire pour devenir la coulée la plus propre à former des masses telles que les canons. Ceci est démontré dans les coulées composées des nos 1, 2, et 3 de fer mêlé, comme on le verra dans les canons nos 417, 420, 427, et 428. Dans d'autres compositions de fer de degrés inférieurs les canons ont été coulés au no de fondage qui donnait le plus haut degré de tenacité dans les barres d'épreuve. Dans ce cas, les masselottes étaient comparativement d'une tenacité inférieure.

Les mélanges des nos 1, et 3, et 2e et 3e fusion, et des nos 1, et 2, en 3e fusion en sont un exemple. A raison des basses densités des masselottes dans ces deux cas, on peut, avec raison, supposer qu'une fusion supplémentaire de ce fer aurait augmenté la tenacité des masselottes, tandis qu'elle aurait diminué celle des barres d'épreuve. On peut, en conséquence, poser comme règle peu susceptible d'erreur matérielle, — au moins avec le fer Greenwood, — que la force des barres d'épreuve pour une fusion donnée peut être prise pour mesure approximative de la force des masselottes, faites de même fer, pour la fusion suivante. Donc, en choisissant et en préparant du fer pour des canons, on pourra opérer en répétant les fusions ou en variant les proportions des différents degrés, jusqu'à ce que le maximum de tenacité soit atteint dans les barres d'épreuves; le fer sera alors dans la meilleure condition pour être de nouveau fondu et coulé en canons.

On verra que la densité dans les divers degrés de fer, n°s 1, 2 et 3, marche dans l'ordre de leurs numéros respectifs, et que toutes les sortes augmentent à chaque fusion additionnelle; de même, que leur densité est plus grande lorsqu'elles sont coulées en petites barres d'épreuve, qui refroidissent rapidement, que lorsqu'elles sont coulées en grandes masses qui refroidissent lentement. Il paraît aussi, que la tenacité augmente d'une manière uniforme avec la densité jusqu'à ce que celle-ci ait atteint un point donné; après quoi l'augmentation de densité est accompagnée d'une diminution de ténacité.

Le point assigné de la plus haute densité pour la force maximum, 7.27, avait été à peu près atteint dans quelques-unes des masselottes. La densité, cependant, avait été portée aussi loin qu'on pouvait le faire sans risquer la solidité des coulées. Lorsque la densité du fer est augmentée, sa liquidité diminue au fondage; il en résulte que le métal se solidifie rapidement et forme des cavités dans l'intérieur de la coulée. Dans les trois canons fondus en dernier lieu, n°s 420, 427 et 428, le métal sous ce rapport avait été poussé jusqu'aux dernières limites. Des cavités se formèrent dans les masselottes et dans des parties de la bouche et de l'âme où elles auraient pu devenir fatales pour les coulées.

Si en préparant le fer pour ces canons on était allé plus loin, soit en le maintenant plus longtemps en fusion, soit en employant une plus grande portion de fer n° 3, les coulées auraient été perdues. Dans le traitement pratique du fer en fusion, lorsqu'on le prépare pour le couler en canons, on peut avec sécurité le maintenir en fusion, avec amélioration croissante de sa qualité, aussi longtemps qu'on le maintient suffisamment liquide pour empêcher des cavités de se former à l'intérieur des coulées. Le point auquel des cavités d'une nature dangereuse se formeront sera atteint avant qu'on soit arrivé au point de densité correspondant au maximum de densité.

Une méthode convenable pour déterminer la condition du fer pendant qu'il est en fusion, et savoir s'il est arrivé à l'état propre pour la coulée ou s'il peut être plus longtemps maintenu en fusion, consiste à prendre du fer liquide dans le bain et à le couler en petites barres de 10 pouces de long et de 1/2 pouce carré à un bout et se terminant en pointe à l'autre bout. On foule la première dès que le fer est entièrement fondu, et les autres à différents intervalles, selon qu'on le juge convenable. Ces barres sont coulées verticalement la pointe en bas dans des moules de sable vert et refroidies rapidement. On les brise ensuite en divers endroits, et on peut juger de l'état du fer par l'aspect que présentent les fractures. Ces fractures présenteront des aspects différents, variant du blanc au petit bout jusqu'au gris foncé au gros bout ; et les barres coulées dans les derniers moments de la fusion auront le blanc à une plus grande distance de la pointe et les nuances pommelées, brillantes et plus légères seront plus rapprochées de la base. Cette méthode, à laquelle on peut beaucoup moins se fier qu'à celle qui sert actuellement à mesurer la densité et la force, est bonne, en ce qu'elle est d'une application rapide, et qu'on la peut répéter à de courts intervalles pendant que le fer est en fusion; un œil expérimenté sera promptement apte à remarquer les progrès de la qualité du fer, et de déterminer le moment propre à couler le canon.

Les densité et tenacité extrêmes que présentent les états précédents, seront trouvées dans les échantillons marqués I–P–23, et 416-B. Le premier a une densité de 6. 974 et une tenacité de 14000; le dernier a une densité de 7. 272 et une tenacité de 40 897. Cette différence de densité est égale à environ 19 livres par pied cube, et la différence de force est, comme 100 à 292, ou à peu près comme 1 est à 3.

Cette extrême différence dans d'importantes qualités de fer, préparées au même fourneau, avec les mêmes minerais, est le résultat du mélange et du traitement donné au fer à la fonderie. Ceci prouve l'importance de rechercher les lois qui prévalent pour le fondage, la coulée et le refroidissement du métal. On connaît maintenant ces lois d'une manière si satisfaisante, en ce qui touche le fer Greenwood, qu'on peut prédire à l'avance avec une certaine assurance, la densité et la force qui résulteront d'un traitement quelconque donné au fer. Ou bien, on pourra imaginer un traitement quelconque à appliquer au fer qui produira un degré donné de densité et de force, rentrant dans la capacité extrême du métal.

Du fer provenant d'autres minerais et d'autres fourneanx ne peut être gouverné par les mêmes lois si on lui fait subir le même traitement, et il peut n'être pas susceptible de s'améliorer par un traitement quelconque; mais quel que soit la nature du fer, les lois qui en gouvernent le fondage, le coulage et le refroidissement, peuvent être promptement découvertes au moyen de la machine à essais, telle qu'on l'a maintenant perfectionnée, après quelques expériences judicieusement variées, de telles expériences peuvent avoir lieu sans faire la dépense et sans courir le risque de couler des canons dans ce but.

Des barres d'épreuve, et lorsque cela semble nécessaire, de grandes masses ressemblant à des masselottes, peuvent être coulées avec les fontes ordinaires de fonderie, préparées pour d'autres coulées.

Les résultats obtenus de cette manière seront un guide sûr pour déterminer la nature du fer et ce qu'on pourrait en attendre si le même métal était préparé et coulé en bouches à feu.

Les effets produits par les diverses méthodes de traiter le fer, telles qu'elles sont décrites plus haut, ne doivent pas être considérées comme les résultats accidentels de combinaisons aventurées. Ils sont basés sur des lois certaines, que des expériences minutieuses ont développées et établies et qui peuvent avec succès être appliquées aux fondages de canons.

Après l'achèvement des fondages et des expériences à la fonderie West Point, en mars 1851, on coula 4 grandes colombiades à la fonderie du fort Pitt, en juillet et août de la même année. Il y en avait 2 de 8 pouces et 2 de 10 pouces; elles avaient été fondues pour des épreuves à l'extrême avec poudre et boulets.

Elles étaient en fer Greenwood de même qualité; et quoique préparées dans une fonderie distante de 500 milles, et par des fondeurs qui ne connaissaient pas auparavant les qualités de ce fer et le traitement qui lui était convenable, cependant en suivant les lois qui ont été établies dans les fonderies de West-Point et de Boston, on obtint de semblables et même de meilleurs résultats.

Les essais des échantillons pris dans les masselotles de ces quatre colombiades sont les suivants : ils sont extraits du rapport sur les expériences, en date du 24 janvier 1852.

FONDERIE DE FORT-PITT, 1851.

Canons essayés.	Marques d'échantillon	Densité.	Tenacité.
2 Colombiades de 8 pouces.	3 H. O.	7,289	36891
	3 H. I.	7.293	39031
	4 H. O.	7.281	43650
	4 H. I.	7.290	36090
2 Colombiades de 10 pouces.	5 H.O.	7,273	40457
	6 H. I.	7,296	40997
	6 H. I.	7,306	42123
Moyenne		7.290	39934
Moyenne des canons de 32 livres, dont le dernier a été coulé à la fonderie de West-Point.		7.260	38093

Ces résultats obtenus à différentes fonderies, montrent ce que l'on peut accomplir partout, avec de bonnes matières, habilement traitées, selon les lois actuellement connues et établies. Les essais à la fonderie de West-Point ont paru indiquer qu'une densité de 7. 27 était le point convenable pour obtenir une force maximum de fer Greenwood : cependant par les résultats obtenus depuis à la fonderie de Fort-Pitt, et qui sont constatés dans le tableau ci-dessus, il semble qu'une densité plus haute soit meilleure. La plus haute ténacité obtenue a été fournie par des échantillons pris dans la colombiade de 10 pouces, n° 6, quand elle eut été brisée dans une épreuve extrême. De doubles échantillons furent pris dans la même partie d'un fragment de la volée, près du collet; la tenacité de l'un d'eux était de 44,917; celle de l'autre de 45, 970, et la densité commune était de 7. 304.

Tandis que j'assistais à la coulée, aux essais et à l'inspection du canon à la fonderie de West-Point, je m'occupai à inventer et à construire une machine d'essais, désignée pour être employée à l'arsenal de Pikesville. Dans le but de vérifier son agencement et de l'adapter aux diverses manières d'essayer les métaux qu'on avait en vue, on prit de doubles échantillons des mêmes espèces de fer qu'on avait employées dans les expériences antérieures. On essaya ces échantillons au moyen d'efforts de torsion, de compression ou d'échancrement (*indentation*) ou appliqués transversalement. Quelques échantillons furent soumis à un effort intérieur appliqué à faire éclater des cylindres creux.

Les tableaux suivants présentent les résultats de ces essais :

Force transversale du fer fondu. —

Espèce de fer. Greenwood.	N. de fusion.	Marque des échantill.	Dimensions des barres. Largeur	Épaisseur.	L. E.
Degré n. 1	1re	n. 17	2.003	2.081	9.074
» n. 2		n. 18	2.080	2.068	8.897
» n. 3		n. 21	2.196	2.101	9.098
	2me	1 B 2	2.025	2.047	8.489
		2 B 2	1.982	2.037	8.224
		5 B 2	1.984	2.010	8.013
		13 B 2	1.988	2.037	8.249
Degré n. 1		Moyenne.	. .	. .	8.244
	3me	16 B 3	1.983	2.002	7.953
		402 B	2.064	2.033	8.046
		Moyenne	. .	. .	8.250
Degré n. 1	4me	434 B	1.991	2.013	8.309
10 parties de n. 1 et 4 » de n. 3 . .	2me et 3me	412 B	1.998	1.970	7.733
8 parties de n. 1 et 6 » de n. 3 . .	2me et 3me	413 B	1.948	2.005	7.830
	2me	6 B 3	1.982	1.990	7.848
		8 B 2	1.981	2.012	8.018
Egales part. n. 1 et 2 mêlés		Moyenne	. .	. .	7.933
	3me	416 B	1.971	1.991	7.816
	2me	9 B 2	1.983	2.018	8.351
		10 B 2	2.004	1.974	7.812
		11 B 2	2.003	1.979	7.892
		12 B 2	1.984	2.046	8.066
		13 B 2	2.019	1.993	8.081
3 parties de n. 1 . . . 2 parties de n. 2 . . . 3 parties de n. 3 . . .		Moyenne	. .	. .	8.028
	3me	417 B	2.001	1.963	7.710
		420 B	1.975	1.990	7.820
		427 B	1.968	1.993	7.821
		428 B	2.020	1.943	7.625
		Moyenne	. .	. .	7.744

Fonderie de West-Point, 1851.

Flexions temporaire et permanente sous la pression de 5000 Livres. Flexion tempora.	Flexion perman.	10,000 Livres. Flexion tempora.	Flexion perman.	1500 Livres. Flexion tempora.	Flexion perman.	Poids de rupture. Livres.	Force transver. F. Livres 4 L. B. 2 Val. de F
.033	.002	»	»	»	»	9600	8290
.028	.003	.073	.007	.130	.027	15300	8725
.008	.000	.035	.000	.080	.003	18500	7888
»	»	.092	.000	»	»	10300	6185
»	»	»	»	»	»	9370	5776
.035	.003	.110	.015	»	»	10300	6437
.032	.004	»	»	»	»	9800	5040
.033	.002	.101	.007	»	»	»	6084
.034	.001	.091	.009	»	»	12500	7837
.068	.019	.122	.024	»	»	11600	6787
.046	.010	.106	.016	»	»	»	7522
.037	.003	.077	.008	.127	.018	15700	9485
.031	.000	.086	.008	»	»	15800	9996
.041	.010	0.81	.012	»	»	14900	9315
.060	.000	.140	.000	»	»	12000	7646
.060	.000	.102	.015	»	»	11600	7234
.050	.000	.121	.007	»	»	»	7440
0.40	.000	.088	.012	»	»	14400	9212
.025	.000	.070	.000	»	»	14500	8682
.025	.000	.076	.003	»	»	13700	8768
.043	.000	.082	.015	»	»	12900	8173
.016	.000	.085	.000	.125	.003	15700	9752
.013	.000	.061	.000	»	»	13800	8705
.027	.000	.071	.004	»	»	»	8792
.030	.0003	.100	.007	»	»	[illegible]	9014
.039	.004	.077	.009	.149	.023	15200	9719
.043	.004	.088	.013	»	»	15000	8590
.042	.003	.085	.008	»	»	13300	8722
.038	.003	.087	.009	»	»	»	9011

Récapitulation des moyennes précédentes.

Degré du fer.	N° de fusion	L. E	Flex. temp. et perman. sous la pression: de 5000 Livre Flexion temporaire	de 5000 Livre Flexion permanent	de 10000 Li. Flexion temporaire	de 10000 Li. Flexion permanent	de 15000 Liv Flexion temporaire	de 15000 Liv Flexion permanent	Force transversale valeur de F.
N° 1.	1°	9074	033	002	«	«	«	«	5290
	2	8244	033	002	101	007	«	«	6084
	3	8250	046	010	106	016	«	«	7322
	4	8309	037	003	077	008	127	018	9448
N° 1 et 3	2 et 3	7791	036	005	084	010	«	«	9753
N. 1 et 2.	2	7933	030	000	121	015	«	«	7440
	3	7816	040	000	085	012	«	«	9212
N° 1, 2 et 3.	2	8028	027	000	071	004	125	005	8792
	3	7741	038	003	087	009	149	023	9011

De ces résultats il ressort que la force transversale du fer est considérablement améliorée par le refondage. Dans les essais du fer n° 1, la force est à peu près doublée dans le passage de la 1re à la 4e fusion. Dans le fer composé des n°s 1, 2 et 3, les essais ne comprennent que des 2e et 3e fusions; dans ces essais, la force augmentée par le refondage est également constante, quoique à un moindre degré.

Les divers degrés de fer ne montrent aucune différence marquée dans les flexions temporaire et permanente sous les mêmes pressions. Mais à cet égard on est moins sûr des résultats que pour la force transversale, parcequ'on n'a pas réduit les chiffres à des dimensions uniformes des barreaux. Ceux-ci, lorsqu'on les coule avec du fer doux, de degrés inférieurs, se contractent moins dans le refroidissement, et ont dès lors une section plus large que des barreaux coulés avec du fer de degré supérieur, qui se contracte plus au refroidissement.

Les différences, à cet égard, sont présentées par les chiffres de la colonne intitulée. L. E².

Pendant les expériences, tous les barreaux étaient appuyés aux deux bouts, et la charge appliquée au milieu ; la distance entre les deux supports était d'environ 20 pouces.

FORCE DE RÉSISTANCE A LA TORSION, DU FER FONDU. — FONDERIE DE WEST-POINT, 1851.

Fer Greenwood — Désignation du degré et du mélange	de la fusion	Marque des barres.	diamètre des barres.	1000 livres. Flex. temp.	1000 livres. Flex. perm.	1000 livres. Redres.	1500 livres. Flex. temp.	1500 livres. Flex. perm.	1500 livres. Redres.	2000 livres. Flex. temp.	2000 livres. Flex. perm.	2000 livres. Redres.	2500 livres. Flex. temp.	2500 livres. Flex. perm.	2500 livres. Redres.	angle maximum	Poids de rupture	Force torsionnelle ou valeur de P. p. r. / e.3 — maxim.	à la flex. permanente	Proportion.	Ruptures. Diamèt. long.	Ruptures. angles à partir de la base transversale.	Observations.
	2	1 B 2	1.915	1.9	0.0	1.9	4.0	0.7	3.3							13.7	1920	6833	4981	730	1.482	32.5	
		2 B 2	1.903	2.4	0.3	2.1	7.0	3.0	4.0							7.8	1850	6303	4340	774	1.912	37.7	
		5 B 2	1.921	1.6	0.0	1.6	5.3	1.8	3.7							18.3	1840	6489	4585	706	1.614	32.3	
N° 1 Fer		18 B 2	1.923	2.7	0.5	2.2	7.2	3.8	3.7							12.0	1840	5775	3861	687	1.930	33.3	
		Moyenne	1.916	2.2	0.2	2.0	6.2	2.2	3.7							12.9	1737	6156	4442	724	1.664	33.9	
	3	16 B 3	1.873	1.7	0.0	4.7	3.0	0.3	2.7	7.6	3.8	3.8				16.0	2340	8799	6147	733	2.060	38.0	
10 parties n. 1. 4 id. n. 3.	2 et 3	412 B	1.921	1.5	0.0	1.5	2.4	0.1	2.3	3.8	3.6	3.3	6.5	2.0	4.5	12.3	2870	10183	6122	662	2.084	38.5	
8 id. n. 1. 6 id. n. 3.		413 B	1.906	1.8	0.0	1.8	2.3	0.1	2.2	4.1	0.8	3.3	7.6	2.9	4.7	8.7	2590	9351	6500	695	1.967	39.6	
	2	6 B 2	1.913	1.8	0.0	1.8	3.6	0.7	2.9								2280	8285	5000	603	1.725	37.7	
		8 B 2	1.941	2	0.2	1.8	4.1	1.2	2.9	11.0	8.3	3.3				21.7	2170	7410	4446	600	1.855	36.8	
Parties égales de n. 1 et 2 mêlés.		Moyenne	1.927	1.9	0.1	1.8	3.8	0.9	2.9								2245	7847	4723	601	1.790	37.2	
	3	416 B	1.803	1.3	0.0	1.2	2.4	0.0	2.4	4.2	0.8	3.4	9.3	4.9	4.4	16.7	2840	10167	7000	669	2.035	41.0	
	2	9 B 2	1.910	1.5	0.1	1.4	2.9	0.2	2.7	5.5	1.9	3.6				17.0	2600	9329	6458	693	2.042	39.7	
		10 B 2	1.916	1.3	0.0	1.3	2.6	0.0	2.5	4.2	0.6	3.6	8.5	3.8	4.7	10.0	2820	10025	6951	691	1.983	35.0	
		11 B 2	1.921	1.4	0.0	1.4	2.4	0.1	2.3	4.0	0.6	3.4	7.8	3.3	4.3	11.0	2700	9477	6848	722	1.927	42.0	
		12 B 2	1.882	1.3	0.0	1.3	2.4	0.1	2.3	4.2	0.9	3.3	9.4	4.6	4.8	12.2	2670	10013	6957	693	2.179	43.7	
		Moyenne	1.908	1.4	0.0	1.4	2.5	0.1	2.4	4.5	1.0	3.5	8.6	3.93	4.7	11.0	2697	9711	6793	700	2.058	40.1	
3 parties n° 1, 3 « n. 2, 2 « n. 3 } mêlés	3	417 B	1.905	1.7	0.1	1.6	2.7	0.4	2.3	4.2	0.8	3.4				7.0	2490	9033	6872	763	2.190	45.0	
		420 B	1.870	1.7	0.1	1.6	2.8	0.3	2.4	3.9	0.5	3.4	6.6	2.0	4.6	7.0	2750	9610	7537	784	2.209	44.2	
		427 B	1.809	1.4	0.0	1.4	2.4	0.0	2.4	4.0	0.2	3.8				6.8	2120	9251	7812	844	2.140	41.5	
		428 B	1.980	1.4	0.1	1.3	2.5	0.2	2.3	3.8	0.6	3.2	6.5	3.0	3.5	7.3	2000	8302	6290	751	2.071	40.0	
		Moyenne	1.908	1.6	0.1	1.5	2.6	0.2	2.3	4.0		3.5	6.8	2.5	4.0	6.9	2318	9065	7430	786	2.152	42.7	

Angles de torsion sous différents poids de ... du centre des barres, appliqués à 23 pouces.

RÉCAPITULATION DES MOYENNES PRÉCÉDENTES DE LA FORCE TORSIONNELLE DU FER FONDU.

Espèce de fer fondu essayé.	N° de la fusion.	Diamèt. des barres.	Angles de flex. permanente sous la pression de 10000 l.	15000 l.	20000 l.	25000 l.	Angle maxim. de flex.	Poids de rupture.	Force torsionnelle ou valeur de F. Maximum.	A la flexion permanente de 1/2.	Proportion	Ruptures. Diamèt. long.	Angles à partir de la base transv.
N° 1 Fer.	2	1.916	0.2	2.2			12.9	1737	6176	4442	.724	1.664	33.9
	3	1.375	0.0	0.3	3.8		16.0	2320	8799	6447	.733	2.000	38.0
N° 1 et 3 mêlés	2 et 3.	1.913	0.0	0.1	0.7	2.4	10.8	2730	8732	6611	.678	2.023	39.0
N° 1 et 2 mêlés.	2	1.927	0.1	9.9			21.7	2245	7817	4723	.601	1.790	37.2
	3	1.893	0.0	0.0	0.8	4.9	16.7	2810	10467	7000	.669	2.065	41.0
N. 1 2 et 3 mêlés	2	1.903	0.0	0.1	1.0	5.9	14.0	2697	9711	6793	.700	2.058	40.1
	3	1.908	0.2	0.2	0.3	2.5	6.9	2513	9063	7130	.786	2.162	42.7

FORCE TORSIONNELLE DU FER FAÇONNÉ ET DU BRONZE — WEST-POINT ET BOSTON.

Barres essayées.	Marq. des	Diamèt. des barres.	Angle de flexion permanente sous la pression de 500 livre.	600 livre.	700 livre.	800 livres	900 livres	1000 livres	1100 livres	1200 livres	1300 livres	1400 livres	1500 livres.	Angle maximum de flexion.	Poids maximum appliqué.	Force torsionnelle ou valeur de F. Au poids maximum.	A la flexion permanente de 1/2.	Proportion.	Observations.
Fer façonné	1	1.891							0.30	1.31	2.81	9.8	16.4	17.8	1500	5546	4289	.773	
	2	1.908						0.10	0.75	3.33	6.93	10.0	15.4	16.6	1300	5399	3779	.700	
	3	1.902					0.7	1.20	6.70	12.10	18.01	25.3	37.7	39.7	1500	5430	3197	.587	
Bronzé		1.893		1.3	2.7	5.8	6.0	27.3	34.0	43.0	63.5	77.0	93.0	98.0	1500	5511	2021	.367	

Les diamètres des barres essayées dans ces expériences de torsion, sont présentés dans les tableaux. La distance entre les clefs qui maintiennent les bouts des barres pendant la pression, est de 15 pouces. La longueur de la partie de la barre soumise à la torsion, et où la flexion a lieu, est égale à environ 8 diamètres; et comme l'angle de torsion d'une barre varie selon la longueur de la barre sous une pression égale, les résultats, si on les ramène à une unité de longueur égale à un diamètre, ne seront que la 8ème partie des angles donnés dans le tableau.

On a noté la flexion des barres à chaque addition de 100 livres à la pression; à chaque supplément de 500 livres, on laisssait la barre reprendre sa forme première et on s'assurait de la flexion permanente. La force produisant une flexion permanente de 1/2 degré, a été obtenue, par approximation, au moyen des pressions voisines de ce point. La valeur de F ainsi déterminée pour la flexion permanente 1/2°, est insérée au tableau, et son rapport avec la valeur *maxima* de F déterminée par le poids de rupture, est présentée dans une colonne supplémentaire. De ceci, il résulte que l'effort qui donne à une barre une flexion permanente de 1/2° est d'environ 7/10° de l'effort qui la brise. Cette proportion est constante pour toutes les barres essayées, bien qu'elles varient en force dans la proportion de 2 à 1.

La fracture de ces barres a une forme qui est particulière aux efforts de torsion. Elle présente une hélice régulière, reliée à ses extrémités par de petites courbes à une ligne droite qui coïncide presque avec un élément du cylindre. La longueur de la fracture et de l'angle de l'hélice, varient, sous certains rapports avec la qualité du fer ; les barres les plus fortes donnant les fractures les plus longues. Les tableaux comprennent avec les 18 barres de diverses espèces de fer fondu, 3 de fer façonné et 1 de bronze. Les résultats obtenus montrent que le fer façonné, est égal au fer fondu, pour résister à la torsion, sous des efforts qui ne produisent pas la flexion permanente. Mais cette flexion permanente commence sous un moindre effort dans le fer façonné que dans le fer fondu et de même elle cède beaucoup plus tôt ultérieurement. La plus forte barre de fer façonné qui ait été essayée prit une flexion permanente, sous un moindre effort que les barres de fer fondu, du plus bas degré. Les valeurs moyennes de F qui donnent une flexion permanente de 1/2° dans le fer façonné, sont d'environ 6/10 des valeurs moyennes de F donnant une flexion égale au fer fondu.

Quelques expériences ont été faites plus tard pour déterminer la force de torsion relative de barres de diverses formes; on en donne les résultats dans le tableau suivant :

FORCE DE RÉSISTANCE A LA TORSION, DE BARRES DE FER FONDU DE DIFFÉRENTES FORMES ET DIMENSIONS. — FONDERIE DE FORT-PITT, 1846.

Surfaces de section.		1 pouce carré.				2 pouces carrés				3 pouces carrés			
Forme des barres à l'éch. de 1/5.													
Diamètre ou côté des carrés. Extérieur		1.000	1.135	1.300	1.4115	1.415	1.593	1.814	2.211	1.730	1.955	2.261	3.250
Diamètre ou côté des carrés. Intérieur		1.007		.690	.8390	1.415		.906	1.544	1.748		1.280	2.608
Longueur de la part ramenée à sa forme.		3.000	3.000	3.250	3.6000	3.550	3.600	4.600	5.600	6.800	4.800	5.750	8.000
Surfaces mesurées de section		1.003	1.0118	.99347	1.01194	1.9994	1.9981	1.93122	1.9671	3.069	3.0013	2.7285	2.9661
	Livres.												
	100	0.80	0.15	0.20	0.30	1.10	1.20	0.70	0.40	0.70	0.65	0.50	0.25
	200	1.60	0.53	0.80	0.73	1.40	1.40	0.83	0.50	0.90	0.75	0.55	0.53
	300	3.95	2.00	1.06	1.10	1.95	1.70	1.00	0.60	1.20	0.80	0.60	0.40
	400	.	6.00	2.40	1.60	2.40	2.30	1.30	0.70	1.30	0.90	0.70	0.44
	500	.	.	5.25	2.90	3.25	2.90	1.90	0.75	2.50	1.00	0.77	0.48
	600	.	.	.	5.50	.	3.33	1.80	0.93	1.80	1.10	0.85	0.56
	700	.	.	.	.	.	4.50	2.63	1.00	2.10	1.35	0.90	0.60
	800	.	.	.	.	.	6	3.30	1.25	2.45	1.50	1.00	0.60
	900	.	.	.	.	.	7.80	4.45	1.40	2.75	1.75	1.10	0.60
	1000	.	.	.	.	.	.	5.85	1.65	3.17	1.95	1.22	0.60
	1100	.	.	.	.	.	.	.	1.93	3.75	2.20	1.36	0.63
	1200	.	.	.	.	.	.	.	2.58	4.30	2.45	1.50	0.70
	1300	.	.	.	.	.	.	.	2.80	5.03	3.95	1.70	0.76
	1400	.	.	.	.	.	.	.	3.30	6.00	3.45	1.93	0.90
Poids appliqué à 23 pouces de l'axe des barres; les angles de torsion produits par chaque poids sont exprimés en décimales . . .	1500	.	.	.	.	.	.	.	4.03	7.03	4.00	2.15	0.93
	1600	.	.	.	.	.	.	.	.	8.40	4.75	2.35	0.95
	1700	.	.	.	.	.	.	.	.	9.85	5.60	2.82	0.97
	1800	.	.	.	.	.	.	.	.	.	6.55	3.12	1.00
	1900	.	.	.	.	.	.	.	.	.	.	3.60	1.00
	2000	.	.	.	.		.	.	.	.	.	4.20	1.10
	2100	.	.	.	.		.	.	.	.	.	.	1.11
	2200	.	.	.	.		.	.	.	.	.	.	1.25
	2300	.	.	.	.		.	.	.	.	.	.	1.30
	2400	.	.	.	.		.	.	.	.	.	.	1.35
	2500	.	.	.	.		.	.	.	.	.	.	1.45
	2600	.	.	.	.		.	.	.	.	.	.	1.50
	2700	.	.	.	.		.	.	.	.	.	.	1.60
	2800	.	.	.	.		.	.	.	.	.	.	1.70
	2900	.	.	.	.		.	.	.	.	.	.	1.80
	3000	.	.	.	.		.	.	.	.	.	.	1.90
	3100	.	.	.	.		.	.	.	.	.	.	2.03
	3200	.	.	.	.		.	.	.	.	.	.	2.15
	3300	.	.	.	.		.	.	.	.	.	.	2.33
	3400	.	.	.	.		.	.	.	.	.	.	
	3500	.	.	.	.		.	.	.	.	.	.	
	3600	.	.	.	.		.	.	.	.	.	.	
	3700	.	.	.	.		.	.	.	.	.	.	
Dernier angle		6.60	8.00	6.00	6.30	3.60	8.70	7.50	8.00	10.60	7.65	4.50	2.50
Poids de rupture en livres		3.50	4.50	5.20	6.23	920	1340	1490	1980	2100	2280	2430	3300

RÉCAPITULATION

des résultats qui précèdent.

Surfaces approximatives de section perpendiculaire.	Poids de rupture par p. carré de section perpendiculaire.					
	Solides carrés.	Solides cylind.	Diamètres intérieurs en part. extérieures.	Poids de ruptur.	Diamètres intérieures en part. extérieures.	Poids de rupture.
	Livres.	Livres.		Livres.		Livres.
1 Pouce.	8706	10649	5/10	13059	6/10	15441
2 Pouces.	11505	16766	5/10	19289	7/10	25164
3 pouces.	17653	18989	5/10	22480	8/10	32029

De ces résultats il ressort que les barres carrées ont environ un cinquième de force en moins que les cylindres pleins de surface égale; et que les cylindres creux dont les surfaces intérieure et extérieure sont dans le rapport de 1 à 2 ont environ un cinquième plus de force que les cylindres pleins de surfaces égales; et que la force des cylindres creux augmente en raison directe de l'écart dans la proportion du diamètre intérieur à celui de l'extérieur.

Toutes les barres essayées étaient de fer commun de fonderie, d'une force moyenne de torsion de 7725.

Afin d'assurer l'égalité de la matière dans tous les échantillons, on coula quatre barres dans des moules verticaux de sable sec; on versa le fer liquide en même temps, de la même cuillère de métal, dans les quatre moules qui étaient eux-mêmes renfermés dans le même chassis.

Chaque barre était assez longue pour fournir trois échantillons de la même forme; savoir :

Tous les solides carrés d'un échantillon,

Tous les solides cylindriques d'un autre;

Les cylindres creux avec des diamètres dans la proportion de 1 à 2, de la troisième barre;

Et le reste de la quatrième.

RÉSISTANCE DU FER FONDU A LA FORCE DE

[illegible]

	Moyenne	1.250	.003	2.45	.006	.000	.000	.010	.007	.033	.022	.010	.018

COMPRESSION. — FONDERIE DE WEST-POINT 1851.

25000 livres			30000 livres			35000 livres			40000 livres			Poids de rupture	Force par pouce carré	Angle de rupture à partir de l'extrémité
[illegible]	.011	.062	.187	.011	.173							[illegible]	[illegible]	[illegible]
[illegible]	.045	.009	.086	.022	.044	.125	.029	.096				39600	158656	57. 7
[illegible]	[illegible]	[illegible]	[illegible]	[illegible]	[illegible]	[illegible]	.505	.180	.056	.324		39830	159340	57. 7
[illegible]	[illegible]	[illegible]	.014	.080								33600	167758	[illegible]
.090	.005	[illegible]	[illegible]	[illegible]	[illegible]	[illegible]	[illegible]	[illegible]	[illegible]	[illegible]	.083	[illegible]	[illegible]	Écrasé.
[illegible]	[illegible]	.018	.049	.010	.059	.083	[illegible]	.080	.115	.018	.095	46700	165933	57. 8
.042	.012	.033	.068	.016	.084							30800	158965	57. 8
[illegible]	.017	[illegible]	.081	.014	.066							34600	171385	57. 0
[illegible]	.014	.022	.065	.018	.052							[illegible]	168758	52. 6
[illegible]	.011	[illegible]	.070	.010	.058							34600	174130	53. 8
.041	.014	.027	.078	.015	.063							33330	167030	56. 6

RÉCAPITULATION DES MOYENNES PRÉCÉDENTES DE LA RÉSISTANCE A LA COMPRESSION DANS LE FER FONDU.

Espèce de fer fondu.	N° de la fusio	Dimensions des échant. Long.	Diam.	Propor L/D	Dépression permanente sous les diverses pressions de 10000 L.	15000 L.	20000 L.	25000 L.	30000 L.	35000 L.	40000 L.	45000 L.	50000 L.	Poids de rupture.	Force p. pouce carré F = P/area	Angle de rupture
N. fer	2	1,513	603	2.51	000	005	024	067	172	»	»	»	»	28550	99770	32°0
	3	1.308	603	2.50	000	002	001	016	048	103	»	»	»	39880	139840	57.7
N. 1 et 3 mêlés	2 3	1.248	503	2.48	000	004	015	036	089	»	»	»	»	33500	168589	33.5
N. 1 et 2 mêlés	2	1.506	603	2.49	001	002	011	051	067	101	»	»	»	39190	136868	52.7
	3	1.244	505	2.46	000	004	019	039	090	»	»	»	»	33700	168251	33.0
N. 1, 2 et 3 mêlés.	2	1.509	602	2.51	001	002	008	019	036	»	»	»	»	44025	184876	59.6
	3	1.230	504	2,48	000	003	012	027	063	»	»	»	»	33300	167030	56.8

RÉSISTANCE DE L'ACIER FONDU A LA COMPRESSION.

Fonderie de West-Point, 1851.

Espèce d'acier fondu essayé.	Marque des échantillons.	Dimensions des échantil. Longueur.	Diamètre.	Propor L/D	Dépression permanente sous les diverses pressions de 10000 Livre	15000 Livre	20000 Livres.	25000 Livre.	30000 Livre.	35000 Livre.	40000 Livre.	45000 Livre.	50000 Livre.	Poids de rupture.	Force par p.car. égale à F = P/area	Observations.
Non trempé.	1	1.021	4.00	2.55	066	019	061	209	»	»	»	»	»	25000	198944	
Trempé, basse trempe, ciseaux à bois.	2	.993	.402	2.47	000	000	000	000	003	008	023	070	»	45000	354544	
Trempé, moyenne trempe outils à tourner	3	1.016	.403	2.52	000	000	000	000	002	006	016	028	070	50000	391985	
Trempé, h. trempe, outils pour tourner l'acier dur.	A	1.005	.403	2.48	000	000	000	000	000	004	010	006	»	48000	372508	

Note.— Tous les échantillons d'acier essayés ont été pris dans la même barre. Le n° 1 est resté tel qu'on le fait dans les fabriques d'acier. Les n°s 2, 3 et 4 ont tous été trempés; et on a ensuite abaissé la trempe dans différentes proportions.

Les échantillons soumis aux épreuves de compression étaient tous de petits cylindres dont les longueurs correspondaient généralement à deux fois et demi leurs diamètres. Les barres d'une longueur dépassant trois diamètres sont sujettes à fléchir sous la pression avant que la rupture ait lieu. Si la longueur est moindre que deux diamètres, la cassure dans sa forme régulière ne peut pas se développer complétement, et une partie de l'échantillon peut se pulvériser ou se réduire en petits grains.

Les bouts de chaque échantillon étaient parfaitement parallèles et perpendiculaires à l'axe ; de sorte que toutes les parties de l'échantillon étaient également comprimées.

La différence de résistance à la compression entre les plus hauts et les plus bas degrés de fer fondu est comme deux est à un.

Les meilleurs échantillons de fer fondu approchent de l'acier fondu commun non trempé.

Le mode de tremper l'acier fondu a une très-grande influence sur la qualité du métal ; car il peut presque doubler la force de résistance à la compression.

TABLE DES MATIÈRES.

Paris. Imp. Moquet, 11, rue des Fossés-Saint-Jacques, 11.

Imp. Janson r. Dauphine, 18.

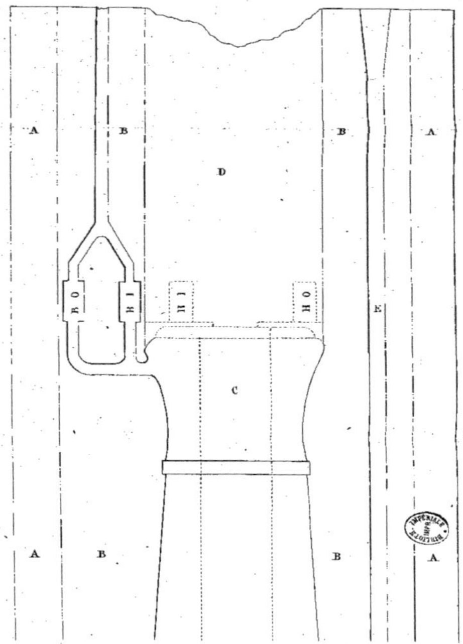

Echelle $\frac{1}{5}$

A *Cotés.*

B *Le Moule.*

C *Partie Supérieure.*

D *Masselotte*

E *Canal Conducteur du fer fondu dans le Moule.*

F *Canal conduisant le fer fondu du Moule dans les petites Barres* B.I et B.O.

H.I et H.O. *Emplacement des échantillons dans la Masselotte.*

PARIS — IMPRIMERIE DE MOQUET,
RUE DES FOSSÉS-SAINT-JACQUES, 11.

www.ingramcontent.com/pod-product-compliance
Ingram Content Group UK Ltd.
Pitfield, Milton Keynes, MK11 3LW, UK
UKHW021912290826
14628UKWH00020B/2125

9 782011 314437